VENTE

POUR CAUSE DE DÉPART

MOBILIER ARTISTIQUE

DE STYLE RENAISSANCE

Tableaux Modernes

AQUARELLES & DESSINS

EXPOSITION PUBLIQUE

LE JEUDI 23 JANVIER 1890

COMMISSAIRE-PRISEUR

Me BOULLAND

26, rue des Petits-Champs, 26.

EXPERT

M. B. LASQUIN

12, rue Laffitte, 12.

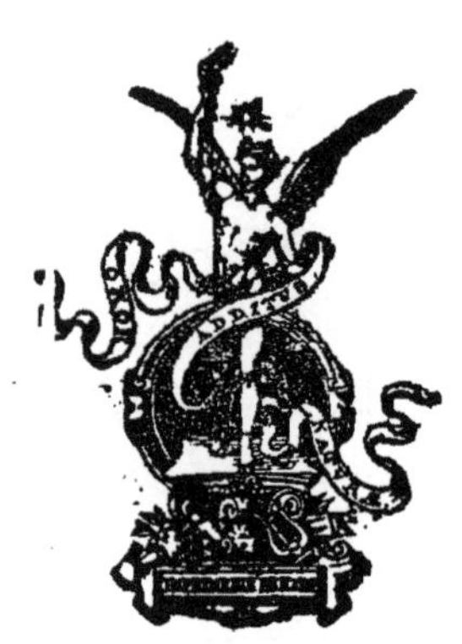
ADDITUR

CATALOGUE

D'UN

MOBILIER ARTISTIQUE

DE STYLE RENAISSANCE

Beaux Meubles en bois sculpté provenant des ateliers
de Janselme Godin et Pecquereau
Sculpture en marbre par Maubach
Statuette de David, d'après Mercié, en bronze de Barbedienne
Faïences artistiques de Deck — Cuivres anciens
Objets de fantaisie

TAPISSERIES ANCIENNES

Tableaux, Dessins, Aquarelles

Neuf œuvres par F. Bonvin

Et autres par Corot, Cottin, Donzel, Dupray,
Ch. Jacque, Legrand, Maincent, Palizzi, Pelouse, Péraire,
Eug. Petit, Reynaud, Ribot, Ziem,
Benassit, Daumier, H. Monnier, H. Pille, etc.

Eaux-fortes

DONT LA VENTE AURA LIEU

Par suite de départ d'un artiste

HOTEL DROUOT, SALLE N° 3

Le Vendredi 24 Janvier 1890

A 2 HEURES

Me BOULLAND	**M. B. LASQUIN**
COMMISSAIRE-PRISEUR	EXPERT
26, rue des Petits-Champs, 26	12, rue Laffitte, 12

Chez lesquels se trouve le présent Catalogue.

EXPOSITION PUBLIQUE

Le Jeudi 23 Janvier 1890, de 1 heure 1/2 à 6 heures.

CONDITIONS DE LA VENTE

Elle sera faite au comptant.

Les adjudicataires payeront *cinq pour cent* en sus des enchères.

L'Exposition mettant le public à même de se rendre compte de l'état des objets, il ne sera admis aucune réclamation une fois l'adjudication prononcée.

Paris. — Imp. de l'Art, E. Ménard et Cie, 41, rue de la Victoire

Désignation des Objets

TABLEAUX

BONVIN

(F.)

1 — *La Rentrée des champs.*

Signé et daté 1861.

BONVIN

(F.)

2 — *Le Cordonnier.*

Signé et daté 1885.

BONVIN

(F.)

3 — *Le Déjeuner du matin.*

Daté 1879.

BONVIN

(F.)

4 — *Harengs sur un gril.*

Nature morte.
Signé et daté 1866.

BONVIN

(F.)

5 — *Paysage.*

Signé 1865.

BONVIN

(F.)

6 — *Botte d'asperges.*

Nature morte.
Signé et daté 1881.

BONVIN

(F.)

7 — *Intérieur d'une cuisine.*

Nature morte.
Daté 1873.

BONVIN

(F.)

8 — *Le Pot-au-feu.*

Nature morte.

COROT

9 — *La Ferme.*

COTTIN

(EUG.)

10 — *Marins au cabaret.*

COTTIN
(EUG.)

11 — *Officiers de marine.*

Deux pendants.

DONZEL
(CH.)

12 — *La Plage d'Yport.*

DONZEL
(CH.)

13 — *Le Moulin.*

Paysage avec cours d'eau et personnages.

DONZEL
(CH.)

14 — *Les Bords de la Seine, à Bougival.*

DUPRAY

15 — *Artilleur et sapeur du génie.*

Deux pendants.

DUPRAY

16 — *A la porte de la caserne.*

GIBON

17 — *Soldat buvant.*

GIBON

18 — *Clairon de chasseurs.*

JACQUE
(CH.)

19 — *Prêtre lisant son bréviaire.*

LEGRAND

20 — *Après le duel.*
Personnages en costume Louis XIII.

LEGRAND

21 — *Oranges.*

Nature morte.

MAINCENT

(GUSTAVE)

22 — *Paysage avec personnages.*

MAINCENT

23 — *Vue du coteau de Méricourt, près Mantes.*

MAINCENT

24 — *Vue prise de la Butte-Montmartre.*

MAINCENT

25 — *Paysage.*

MAINCENT

26 — *Les Champs-Élysées.*

Paysages ornés de nombreuses figures.
Deux pendants.

MAUREAU

27 — *Vues prises à Asnières.*

Études.
Trois paysages réunis en un seul cadre.

MÉRY

28 — *Les Poussins effrayés.*

PALIZZI

29 — *La Rentrée du troupeau.*

PELOUSE

(L. G.)

30 — *La Grève.*

Marine.

PÉRAIRE

31 — *Bords de la Seine, près Saint-Denis.*

PETIT

(EUG.)

32 — *Fleurs.*

Étude.

PETIT

(EUG.)

33 — *Fleurs.*

REYNAUD

34 — *La Marchande de marrons.*

RIBOT

35 — *Les Tricoteuses.*

RIBOT

36 — *Tête de femme.*

Étude.

TARA

37 — *Le Vallon.*

Paysage avec personnages et animaux.

ZIEM

38 — *Paysage ; soleil couchant.*

INCONNU

39 — *Femme nue couchée sur l'herbe.*

Étude.

Aquarelles — Dessins et Gravures

BÉNASSIT

40 — *L'Arrivée des musiciens au château.*

Aquarelle.

BÉNASSIT

41 — *Le Bataillon des femmes.*

Aquarelle.

BONVIN

(F.)

42 — *Femme cousant du linge.*

Dessin aux deux crayons
Daté 1856.

DAUMIER

43 — *Un Émule de Talma.*

Aquarelle signée des initiales H. D.

DECAMPS

44 — *Paysage avec ruines ; vue prise en Orient.*

Signé des initiales D. C.

DONZEL

45 — *Paysage.*

Fusain.

D. DE LA MAR

46 — *Paysanne.*

Aquarelle.

MEISSONIER

(D'après)

47 — *Le Maître d'armes.*

Eau-forte de Charles Blanc.

MEISSONIER

(D'après)

48 — *L'Écrivain public.*

Eau-forte.

MILLET

(D'après)

49 — *Paysage.*

Eau-forte.

MONNIER

(HENRI)

50 — *Monsieur le Bailly.*

Aquarelle.

MONNIER

(HENRI)

51 — *Bourgeois et son chien.*

Aquarelle.

Avec dédicace : *A mes amis de Bougival.*

MONNIER

(H.)

52 — *Bourgeois à la promenade.*

Dessin.

PILLE

(HENRI)

53 — *Chevalier rentrant du tournoi.*

Dessin à la plume rehaussé d'aquarelle.

PILLE

54 — *Le Lion amoureux.*

Dessin.

PILLE

55 — *La Vie d'artiste.*

Série de six dessins à la plume.

AMEUBLEMENT

56 — Très beau lit de style Henri II, en bois de noyer sculpté, à quatre colonnes cannelées supportant un baldaquin. La ceinture du lit et celle du baldaquin sont sculptées à godrons, le chevet à fronton brisé est orné d'un mascaron tête de femme et de quatre motifs de feuillages, le devant offre un cartouche ovale représentant une figure couchée.

Il est garni de ses rideaux en peluche rouge, ornés de bandes soutachées et brodées de même style.

57 — Couvre-lit en peluche appliqué d'un encadrement en ancienne broderie de soie de couleurs.

58 — Deux rideaux de porte de même étoffe et de même ornementation que la garniture du lit.

59 — Très joli meuble à deux corps et à fronton, style du XVIe siècle, en bois de noyer sculpté et incrusté de plaquettes de marbre. Il ouvre

à quatre portes offrant en bas-relief les figures de Vénus, Mars, Diane et Junon; une statuette de Minerve en bronze argenté occupe la niche du fronton.

60 — Belle crédence de style Henri II, en bois de noyer, ornée d'un panneau ancien ouvrant à abattant sculpté en bas-relief et représentant Jésus et les saintes femmes; la partie inférieure supportée par deux pilastres contient deux tiroirs, l'entablement est orné d'une frise de rinceaux.

61 — Joli meuble de style Renaissance, en bois de noyer sculpté; la partie inférieure, à fond plein et deux balustres reposant sur la base sculptée à feuillages, supporte une frise à deux tiroirs, sculptée à godrons et mufles de lions; le haut ouvre à deux portes entre trois pilastres engagés supportant l'entablement.

62 — Meuble Louis XIII à deux corps, en bois de noyer, à moulures et panneaux taillés à facettes, orné de colonnettes torses aux angles; il ouvre à deux portes et un tiroir et est surmonté d'un fronton.

63. — Meuble crédence de style Renaissance, en noyer sculpté et mouluré; le bas orné de deux cariatides de femmes ouvre à une porte, le haut à fond plein et deux colonnettes cannelées supportant un entablement orné d'un bas-relief et de mascarons.

64 — Ameublement de salle à manger, en noyer mouluré, de chez Pecquereau, composé d'un buffet à étagère orné de colonnettes cannelées, une table carrée à rallonges, six chaises paillées genre ancien.

65 — Table à jouer de style Louis XVI, en bois d'acajou, à pieds cannelés et moulures de cuivre.

66 — Miroir-psyché Louis XVI, en acajou à moulures de cuivre.

67 — Petit paravent à six feuilles, en bois de noyer, à moulures dorées, orné de peintures par H. Donzel, représentant trois paysages et trois marines animés de figures.

68 — Paravent japonais à six feuilles de nuances variées en broderie de soie à fleurs et oiseaux.

69 — Petite glace en hauteur à bordure Louis XVI, en bois sculpté et doré, à rais de cœur, perles et rosaces, avec fronton à cornes d'abondance et guirlandes de fleurs.

70 — Miroir Louis XIII, à encadrement en bois sculpté et doré à feuillages.

71 — Panneau de dessus de porte Louis XVI, en bois finement sculpté et doré; motif de rinceaux dans un encadrement peint en blanc.

72 — Petit divan à dossier carré garni de peluche d'ancien velours de Gênes fond vert et jaune, à décor de fleurs et d'arabesques.

73 — Pouf oblong en ancien velours de Gênes, analogue et complétant le siège précédent.

74 — Six chaises de style Henri II, en noyer, garnies de panne verte frappée.

75 — Fauteuil Louis XIII, en noyer, à torsades, garni de panne verte galonnée d'or.

76 — Deux grandes chaises portugaises à dossiers élevés, en bois de noyer, avec garniture en cuir gaufré et cloutage de cuivre.

77 — Deux fauteuils de travail analogue.

78 — Coussins en broderie persane et moquette orientale.

SCULPTURES — BRONZES — CURIOSITÉS

79 — Marbre blanc. Statuette : le Petit Noël, par Maubach, sur socle garni de peluche rouge.

80 — Statuette de David, d'après A. Mercié. Bronze de Barbedienne.

81 — Buste d'Alexandre Dumas père, en bronze.

82 — Deux lampes en faïence bleu turquoise de Deck, avec monture de style chinois en bronze.

83 — Deux chenets de style Renaissance en cuivre et fer.

84 — Deux plats de Tesmard en émail cloisonné, à fleurs et oiseaux en couleurs.

85 — Grand plat de style persan en faïence de Deck.

86 à 88 — Cinq petits plats en faïence de Deck, à décor de style persan et de fleurs.

89 — Plat en faïence de Deck représentant une tête de femme.

90 — Deux plats en faïence de Lachenal, décorés de bustes de femmes.

91 — Deux vases à long col, de même faïence.

92 — Environ trente pièces : objets d'étagère, vases à fleurs en faïence décorée, grès, vases en poterie du Japon, plats décorés, cendriers.

93 — Fontaine à thé en cuivre rouge repoussé.

94 — Bouilloire ancienne en cuivre jaune.

95 — Fontaine-lavabo et son bassin en ancien cuivre rouge.

96 — Vase carré en ancien bronze de Chine gravé.

97 — Écran japonais à deux feuilles, à figures en relief en étoffe représentant un cortège.

98 — Yatagan avec manche en morse et fourreau garni d'argent.

99 — Deux pistolets turcs garnis d'argent.

100 — Poignard oriental en fer incrusté d'or.

101 — Quatre flambeaux Louis XIII en cuivre.

TAPISSERIES

102 — Tapisserie Renaissance à fond rouge portant la date de 1569.

Au centre, un écusson armorié entouré de deux cornes d'abondance. La bordure à médaillons de figures symboliques représente, au bas, un combat de gentilhommes contre des Maures.

103 — Tapisserie d'Aubusson à sujet de verdure avec grands arbres ; bordure de fleurs.

104 — Portière en tapisserie d'Aubusson.

www.ingramcontent.com/pod-product-compliance
Ingram Content Group UK Ltd.
Pitfield, Milton Keynes, MK11 3LW, UK
UKHW020538180726
13839UKWH00006B/2578